AF590488

VÉRITABLE

RELATION DU CONVOI,

SERVICE ET ENTERREMENT

DE FEU LA LOI

De Justice et d'Amour,

Trépassée à Paris le 17 avril 1827, et enterrée le 18 à Montrouge; suivie du détail des cérémonies funèbres qui ont été célébrées à Paris et dans toute la France au bruit des petards et à la lueur des lampions;

PRÉCÉDÉE

De quelques mots sur sa naissance, sa vie, sa maladie et sa mort, avec le procès verbal de l'autopsie du cadavre;

REDIGÉE

Par sa Garde-Malade,

et publiée

PAR UN CROQUE-MORT.

Quand on est mort c'est pour long-temps.

PARIS,

CHEZ LES MARCHANDS DE NOUVEAUTÉS,

1827.

IMPRIMERIE DE GUIRAUDET,
RUE ST.-HONORÉ, N° 315.

DIALOGUE

DES

DEUX HISTORIENS

EN MANIÈRE DE PRÉFACE.

Messieurs et dames, vous allez savoir comme quoi il y avait ce jour-là tant de remue-ménage dans une superbe maison située sur une belle place, là ousse qu'on voit un bâtiment en cuivre qu'est long de plus de trois cents pieds, et qu'on a planté la exprès pour nous rappeler nos péchés et pour perpétuer la mémoire du talent de nos bons amis les ennemis à la course, quand nous les faisions jouer à *sauve qui peut* et à *ôte-toi de là que je m'y mette.*

Vous saurez encore comme quoi il se trouva que la fille du locataire de cette belle maison étant morte au Luxembourg par suite de l'ordonnance d'un grand médecin, on la transporta chez son père, puis on tendit l'extérieur du bâtiment de la grande place avec les robes longues et courtes de MM. les jésuites de toutes classes. L'enfant était exposé à la porte, on l'avait mis là parce que c'était sa véritable place. L'Etoile s'était chargée du soin de prêter ses lumières pour éclairer le cercueil de la demoiselle trépassée, si bien qu'on y voyait aussi clair qu'un jour d'éclipse totale. Il y avait là un gros monsieur qui récitait les prières des agonisants dans un gros livre où l'on avait inscrit le menut de tous les déjeuners, dîners et soupers auxquels la naissance et la vie de la petite fille avaient donné sujet. MM. les gendarmes faisaient sentinelle devant la porte pour maintenir l'ordre parmi la foule de négocians, d'artistes et d'ouvriers qui se bousculaient mutuellement, tant ils étaient pressés d'aller jeter de l'eau bénite sur le drap du cercueil.

Vous allez voir encore comme quoi une grosse dondon qu'était la garde-malade, en se dépêchant de sortir de la maison laissa tomber un paquet qui contenait la défroque de la défunte, c'est-à-dire un beau timbre tout neuf et cent trente quatre boules d'ivoires. Un croque-mort qu'était ma foi un homme galant ramassa le paquet et le donna avec tant de grâce à la grosse dondon, que celle-ci en le remerciant établit avec lui le dialogue suivant.

LA GARDE-MALADE.

Monsieur, puisque vous êtes si poli, je veux vous faire faire fortune.

LE CROQUE-MORT.

Volontiers, ma petite mère ; ça ne peut pas nuire.

LA GARDE-MALADE.

Savez-vous ecrire ?

LE CROQUE-MORT.

J'ai été a l'école des frères ignorantins.

LA GARDE-MALADE.

Ça suffit. Hé bien apprenez que c 'est moi qu'a gardé cette pauvre défunte. J'ai suivi attentivement le progrès de sa maladie. Dieu que d'indigestions ! de convulsions ! et surtout comme en revenant de faire un tour de l'autre côté du pont, elle avait la fièvre chaque soir. Enfin j'ai tout vu, tout entendu; Vous allez assister à son convoi : ainsi en nous unissant nous pourrons publier la véritable histoire de sa vie, de sa mort et de son service funèbre.

LE CROQUE-MORT.

C'est dit, commère; aussitôt l'enterrement fini, je suis chez vous. Avec ça que je connais un honnête libraire qui ne demandera pas mieux que de répandre cette histoire curieuse et intéressante.

LA GARDE-MALADE.

Sur six sous nous en garderons cinq et demi.

LE CROQUE-MORT.

C'est juste. Ah çà, votre adresse.

LA GARDE-MALADE.

Madame Boubec, rue du Puits-qui-Parle, n° 12, au sixième.

Alors la levée du corps ayant eu lieu, on interrompit la conversation, la Garde et le Croque-Mort se séparèrent. Mais aussitôt la cérémonie terminée, les deux historiens se réunirent, et, à la clarté des lampions qui brillaient sur les fenêtres de la maison voisine, ils écrivirent ce qui suit :

NAISSANCE.

C'était sur la fin de décembre de l'an de grâce 1826. On était à table : on buvait sec et du meilleur. Quand tout à coup, comme qui dirait entre la poire et le fromage, le père de la défunte, qui n'avait pu manger que trois cloyères d'huîtres, deux pigeons à la Trocadéro, et trois pieds de cochon truffés, se sentit la tête lourde et prise comme dans un étau. Les convives se précipitèrent sur lui, et lui entonnèrent deux bouteilles de Chypre, deux de Malaga, et une de Madère à travers le larynx. Grâce à l'efficacité de ce beau remède, le mal redoubla, et le patient allait trépasser, quand monseigneur de F..... se leva gravement, essuya sa bouche, releva ses manches, et, s'approchant du moribond, consulta la situation du pouls, il s'écria que Sa Grandeur était en mal d'enfant. Comme c'est un homme qui a lu presqu'autant qu'il a parlé, il se ressouvint d'avoir lu dans la théologie païenne que pareil accident arriva un jour au seigneur Jupiter. On fut chercher M. R*** en poste; il arriva clopin clopant : en guise de marteau, il prit les immenses ciseaux de la commission de censure, qui étaient à demi rouillés, et zeste, d'un coup il lui mit à bas la calotte du crâne avec autant de dextérité qu'on fait sauter le couvercle d'une tourte. Soudain il en bondit jusque sur le milieu de la table un petit monstre très alerte, malgré la grosseur de son ventre, la maigreur de ses jambes et la longueur de ses bras.

Il s'écria d'une voix terrible : Timbrez ; chacun prit le mot pour une allusion. Mais l'enfant d'un grand seigneur a des privautés qui passent toujours bien. Le père baisa sa fille au front, M. de C*** la berça sur ses genoux ; un des convives lui tendit une truffe ; et le bras faillit passer de la même bouchée. Après quoi tous s'endormirent sur l'air : *Dodo, l'enfant do*,

que chacun mumura avec M. de C***, attendu que l'accouchée avait besoin de repos.

BAPTÊME.

Pour lors (il est bon de savoir

que c'était le lendemain matin) la petite fille cria : Truffes, et les convives se réveillèrent. M. de C*** trouva qu'elle était furieusement matinale. On sentit généralement la nécessité...... d'administrer à l'enfant le baptême. Madame la Cafarde de Lyon se présenta pour maraine, et fut agrée. Quels noms lui donnerons-nous, s'entredirent-ils, et chacun s'épuisa le cerveau. On rejeta comme trop décidés les noms d'*Autodafeide* et de *Baillonnarde*, et, pour plus d'originalité, on s'accorda à l'appeler Loi d'amour et de justice. En réjouissance d'une si jolie trouvaille, M. l'abbé G*** proposa de faire un feu de joie; on fit un bloc d'hommes célèbres, et on brûla leurs livres en masse, ce qui fit faire à l'enfant un effroyable sourire que chacun trouva des plus gracieux.

VIE ET ANECDOTES.

Petit poisson deviendra grand, pourvu que..... suffit. Or ce fut pour nos étrennes que la petite fille, ayant reçu tous ses grades, fit son entrée dans le monde. Elle était précoce et n'était pas honteuse. Son père la produisit et la mena par la main avec toutes sortes d'égards et de procédés.

Elle arriva en carrosse à travers force gendarmes, entra dans une grande salle de forme demi-ronde, comme la moitié d'un fromage de Brie.

Là, on ne disait rien; ici, on disait tant mieux, et tout-à-fait au bout, quinze à dix-huit visages féroces la regardèrent de travers. Il y avait un petit théâtre où l'on voyait une grande fille découplée, riante et nerveuse, qui s'apprêtait à faire le coup de poing : c'était la liberté de la presse. Elle prit un air insolent quand elle vit ce petit monstre entrer d'un air hypocrite; et, par simpathie, elles se sautèrent aux cheveux, et se pochèrent réciproquement. L'assemblée jugeait des coups; les messieurs du milieu, à chaque torgnolle que recevait leur champion, criaient : ue petit monstre est solide. Le premier soufflet fut pour la liberté de la presse; elle chancela, revint à la charge, et au huitième coup, le petit monstre éprouva une si terrible secousse, qu'il en eut désormais le timbre tout fêlé. On suspendit pour se raffraîchir. Pendant l'intermède, un monsieur, célèbre algébriste, démontra par *huitième plaie d'Égyte*, plus *manioc*, multiplié par *tout ce qu'on voudra* et divisé par *amendes*, qu'il fallait de toutes forces étrangler la grande fille pour la jeter en pâture à la petite. En conséquence, on administra trois cents grains d'émétique à la liberté de la presse; mais comme elle était protégée par une forte constitution et qu'elle comptait sur d'excellents médecins, elle quitta la partie, demanda sa revanche au jardin du Luxembourg, et laissa le petit monstre à demi mort des efforts qu'il avait faits pour assommer sa rivale.

MALADIE.

Mais ne voilà-t-il pas que les

docteurs en médecine de l'arrondissement de l'Odéon déclarèrent le petit monstre si malade, qu'il n'y avait pas d'autre ressource pour lui que de perdre les jambes, la tête et les bras, si l'on voulait sauver le reste. Les entrailles maternelles du père en eurent le frisson. On annonça de plus qu'il devait garder la diète, le lit et l'incognito, si l'on voulait le préserver de la déclaration d'amour des imprimeurs, brocheurs, satineurs, relieurs, pressiers, copistes, chiffonniers, papetiers, clique immense s'il en fut, et qui avait soif d'en faire justice.

Dans le temps même qu'on délibérait sur ce grand sujet, il arriva qu'un homme juste, qui aimait à être aimé, et ne trouvait pas original de faire hurler les choses avec les mots, s'aperçut qu'on se taisait devant lui, n'osant pas lui dire ce qu'il voulait savoir. Il le demanda et l'apprit. Il sut la maladie de la liberté de la presse, et comme il aimait cette bonne fille, il ordonna au moule de briser son épreuve, et le lendemain, comme on s'informait si le petit monstre vivait encore, on reçut le bulletin suivant :

ORDONNANCE DU ROI.

CHARLES, etc.

Art, 1er. Le projet de loi relatif à la police de la presse est retiré.

2. Notre garde-des-sceaux, ministre secrétaire d'état de la justice, est chargé de l'exécution de la présente ordonnance.

Signé CHARLES.

Par le roi.

DE PEYRONNET.

AUTOPSIE.

Comme vous l'avez dû voir dans ce récit véritable de la naissance de la vie et de la mort de mademoiselle d'Amour et de justice, si un prince lui donna le premier coup mortel, ce fut monsieur son père qui lui administra le coup de grâce ; avec ça qu'en sa qualité de ministre c'était tout-à-fait de sa compétence.

Il ne voulut pas néanmoins qu'un si noble et si joli petit monstre fût enterré bourgeoisement comme l'obscur enfant d'un boutiquier de la rue Saint-Denis. Alors il convoqua une assemblée des médecins qui l'avaient soigné pendant sa longue et douloureuse maladie ; et le

18 avril, à cinq heures, comme ces messieurs arrivaient pour dîner, il leur proposa, en attendant que le potage fût assez refroidi, de procéder à ce qu'ils appelaient l'autopsie du trépassé. M. P*** arma ses mains du fatal scalpel destiné à dépecer les volailles, et les convives, non sans répandre quelques larmes de regret en voyant que la loi d'Amour et de justice tenait en ce moment sur la table la place réservée ordinairement à la dinde truffée, se rangèrent en cercle et consignèrent sur leurs tablettes les observations anatomiques de M. le baron C*** sur le cadavre du petit défunt.

Le crâne fut d'abord soumis à l'analyse. L'organe de l'astuce et du vol y occupaient deux préominences singulièrement développées, celui de la théosophie, c'est-à-dire de l'amour de Dieu et de son prochain, était absolument aplati.

L'organe auditif, ce que nous autres garde-malades et vous autres croque-morts appelons les oreilles, offrait à l'extérieur l'aspect d'un développement prodigieux ; au dedans le canal auditif était bouché par deux soupapes scelées sur lesquelles on lisait les mots *entêtement, mauvaise foi.*

Son organe vuel, vulgairement dit l'œil, ne lui permettait pas de soutenir l'éclat de la plus faible lumière. L'anatomiste célèbre prouva par une savante explication, qui faillit endormir tous les auditeurs, que, si l'enfant avait vécu, il aurait fallu lui intercepter l'éclat du grand jour au moyen d'un numéro de l'Étoile, l'épaisseur du papier et la couleur du style étant le topique le plus efficace contre cette infirmité.

L'intérieur de ce qui lui tenait lieu de bouche était meublé d'une triple mâchoire dont chacune avait une centaine de dents d'inégales grandeurs ; les plus longues portaient ces inscriptions en encre rouge : Dent contre les journaux, dent contre les brochures, dent contre les in-32, dent contre l'extrême gauche, dent contre l'extrême droite ; et sur les mâchelières qui avaient pris un accroissement plus prodigieux, on lisait, Dent contre Faust, Guttemberg et Schafer.

On trouva dans la région du cœur une lettre de l'auteur des martyrs, qui paraissait avoir dû comprimer singulièrement le battement des artères.

La vésicule du fiel était complètement remplie.

Plusieurs numéros du Constitutionnel et du Courrier français formaient un cancer qui lui rongeait les intestins.

Les viscères du poumon offraient une large plaie (l'opinion publique).

Son système digestif était si singulièrement disposé, que l'enfant ne pouvait prendre pour aliments que des *amendes* et des cendres de papier imprimé.

Le phénomène le plus bizarre se faisait remarquer dans l'articulation des jambes, qui forçait le monstre de n'avancer qu'à reculons, et par conséquent lui aurait fait infailliblement casser le cou le jour où il se serait émancipé jusqu'à vouloir marcher sans lisières.

Tout porte à croire que la surveillance paternelle avait été mise en défaut, ou bien que son père avait aidé à la prostitution, car on trouva dans l'amnios des fœtus à demi formés qui portaient tous les caractères de l'ignorance, de la superstition et de la cruauté.

Le procès-verbal dûment signé et paraphé, la garde-malade recousit le monstre, l'aspergea avec trois ou quatre bouteilles d'encre en guise d'eau bénite, et l'enseve-lit dans la robe de M. de Ravaillac précieusement conservée par les descendants d'une honnête famille de ligueurs.

On l'exposa quelques minutes à la risée et aux avanies universelles, puis l'explosion d'une centaine de petards ayant annoncé la nuit, le cortége se mit en marche.

CÉRÉMONIE FUNÈBRE.

Voilà t-il pas que par une générosité toute chrétienne les habitants de la bonne ville de Paris qui avaient fait mille cancans sur cette pauvre fille s'avisèrent de faire les frais du luminaire du plus grand cœur du monde. Aussitôt des millions, des milliers, des milliards de lampions et de chandelles des six coupées en quatre surchargèrent les maisons depuis le soupirail des caves, jusqu'aux lucarnes des greniers. Les amis de la défunte ne purent supporter cette marque de sensibilité, et portèrent aussitôt leurs mouchoirs à leurs yeux.

Chacun avait porté l'enfant sur ses épaules pendant sa vie, on la jetta dans un tombereau après sa mort.

Le char funèbre, qu'on avait emprunté aux équipages de l'administration de la petite voirie, était traîné par un âne magnifique engraissé dans les écuries de Saint-

Acheul! Des plumes d'oie se balançaient en panaches au-dessus de ses longues oreilles. Une tapisserie des Gobelins, représentant une scène de la Saint-Barthélemy, lui servait de drap mortuaire; les quatre coins étaient tenus par l'Étoile, la Gazette de France, le Journal de Paris, et la Gazette universelle de Lyon, en habits de pleureurs. Le père de la défunte ouvrait la marche; le fossoyeur, sa pioche sur l'épaule, précédait le cortège, en criant à voix haute: Laissez passer la justice du Roi! et la foule ouvrait ses rangs. Les sept péchés capitaux entouraient le corbillard; puis venaient les amis intimes, au nombre de trois cents; et enfin les messieurs de la gendarmerie, le sabre nu et prêts à frapper. Suivant l'usage antique, on ne jonchait pas la route de fleurs, mais de débris de petards, de fusées et de chandelles romaines, dont le bruit se mariait très agréablement à la façon du *Requiem* que les imprimeurs, les libraires, les marchands de papiers, les compositeurs, les pressiers et les brocheurs qui terminaient le cortège avaient entonné sur l'air de la chanson à boire : Quand on est mort c'est pour long-temps.

Arrivés à la barrière d'Enfer, ces derniers entrèrent au cabaret, et comme il n'y avait pas de maisons illuminées sur l'emplacement des constructions futures, le colporteur de l'Etoile alluma son fallot au dernier lampion pour guider le reste du cortége jusque dans les caveaux de Montrouge.

La porte des catacombes leur fut ouverte; le guide les fit passer par un chemin nouvellement percé, et ils arrivèrent sans encombre dans le souterrain, où un tombeau sculpté en forme de presse d'imprimerie était destiné à recevoir la sœur cadette du droit d'aînesse.

Les révérends pères jésuites, en grand costume, et rangés sur une ligne, reçurent l'enfant trépassé. Chacun d'eux voulut donner le baiser d'adieu aux restes du fruit de leurs entrailles : car il est bon de vous dire que si elle eût vécu, les pieux bénéficiers de Montrouge avaient l'intention de se faire déclarer les auteurs des jours du petit monstre, au détriment du père, qui l'avait reconnue à sa naissance. Le général, paré des insignes de son rang, c'est-à-dire avec le chapelet, l'agnus et le petit couteau, prononça un discours fort attendrissant, dont nous avons retenu ce fragment :

« O crépuscule affreux ! O après-dîner effroyable! où retentit tout comme un éclat de tonnerre cette étonnante nouvelle : L'enfant se meurt, l'enfant est mort. Qui de nous ne laissa tomber sa fourchette comme si sa marmite eût été renversée..... Cet enfant allait s'approprier toutes les plumes, et la presse n'aurait été que pour lui.... Il est descendu dans ces sombres lieux, dans ces demeures souterraines, où son frère l'attend sur le fumier de Job, avec ces milliers d'avortons, parmi lesquels il ne pourra jamais se faire trop petit s'il veut atteindre à leur grandeur..... Eh quoi! Messieurs, tout est-il donc désespéré. L'Etoile qui n'éclaire que des ruines, ne déposera-t-elle pas un lampion sur sa tombe? » Ici les sanglots du père retentirent si fort que l'orateur fut obligé de terminer son discours, avec cela qu'il n'en savait peut-être pas davantage.

Alors on leva la pierre. Il sortit de l'intérieur de la tombe une nuée de corbeaux dont les cris réveillèrent les hiboux, les orfraies et les chauve-souris, commenseaux de ce repaire diabolique, et leur psalmodie lugubre sembla moduler le chant des morts en l'honneur du petit monstre.

On le mit doucement dans la tombe avec plusieurs objets précieux, tels que le *tant mieux* de M. St.-Ch***, relié en veau, et son *féroce*, imprimé par Rusand, sur peau de vélin; le couteau avec lequel Damiens a frappé Louis XV, le baillon du général Lally, une boîte pleine de manioc; enfin on recouvrit le cadavre avec un tombereau de cendres produit des incendies de M. l'abbé G****, puis on abaissa le couvercle du tombeau. Le père de l'enfant s'appuya dessus pour y poser un sceau.

Puis le fameux poète de la congrégation, qui sut trouver ce vers presque imitatif,

La lune s'obscurça

grava l'épitaphe; suivante avec la pointe d'un eustache.

Ici gisent les fils du plus malheureux père.
Du sort de ses enfants il faut qu'on désespère.
A peine sont-ils nés qu'aussitôt il les perd.
La tombe ne renferme une paire
Que l'air du luxembourg a bientôt mis au pair.

Le supérieur de la maison ayant invité les assistants à aller souper chez eux, on se retira en silence. Des hauteurs de Montrouge on appercevait une clarté plus brillante que celle du soleil; des cris de joie et des détonations de pièces d'artifices venaient frapper les oreilles de la triste caravane. A ce bruit, un de ceux qui la composaient, s'écria:

Ces cris, ces lampions et leurs flammes sinistres
Ont jeté dans mon âme un prophétique effroi
Tout est perdu sans doute?

Une voix répondit:

Oui, tout pour les ministres.
Mais tout est gagné pour le Roi.

ENCORE UN PETIT MOT.

Vous voyez comme a fini cette triste journée, où les habitants de Paris se livrèrent à tous les transports de la joie. Il n'y eut de fâcheux que quelques taches de graisse tombées sur les habits de MM. les gendarmes, qui voulaient flairer de trop près l'odeur des lampions, et la privation de sommeil qu'éprouva M. de C***, que chaque explosion réveillait en sursaut.

OUVRAGES

CHEZ LES MEMES LIBRAIRES.

Oraison funèbre de cette malheureuse loi de Justice et d'amour, sœur de l'infortunée loi d'aînesse, décédée à Paris le 17 avril 1827. 30 cent.

Grande et véritable complainte, en musique, de la loi de Justice et d'amour, par un Chiffonnier troubadour de la place Maubert. 30 cent.

Véritable médecine sans médecin, ou Science médicale mise à la portée de toutes les classes de la société; d'après les plus savans et les plus célèbres médecins, par Morel de Rubempré, docteur médecin, 1 fort vol. in-12, 7 fr.

Nouveau conducteur, ou Guide de l'étranger aux environs de Paris, indiquant toutes les curiosités, monumens, jours et heures de départ des voitures publics, un fort vol. in-18, avec six vues et une carte. Prix: 4 fr.

Nota. On trouve chez les mêmes libraires la collectien complète de tous les in-32 parus en 1826 et 1827, excepté ceux épuisés.

www.ingramcontent.com/pod-product-compliance
Ingram Content Group UK Ltd.
Pitfield, Milton Keynes, MK11 3LW, UK
UKHW022142260726
13993UKWH00005B/2099